ジェームズ・アレン
James Allen
坂本貢一＝訳

きっと！すべてがうまくいく

PHP

人は、自分で選び、
巡らす考えによって、自分自身を作り上げています。
人は自ら考え、その通りのものになるのです。

人の心は、人格という内側の衣と、
環境という外側の衣の双方の、熟練した織り手です。

これまでのあなたは、それらの衣を、
暗闇と苦悩の中で織り続けてきたかもしれませんが、
忘れないでください。
それらはそもそも、光と喜びの中で織られて
しかるべきものなのです。

◆

ジェームズ・アレン

あなたの心は庭のようなもの。
耕されることも、
野放しにされることもあるが、
そこからは必ず何かが生えてくる。

あなたの心は庭のようなものです。
庭は耕されることもあれば、
野放しにされることもありますが、
そこからは必ず何かが生えてきます。

ただし、野放しにされた庭から生えてくるのは、
何の役にも立たない雑草だけです。

あなたがもし良い人生を生きたいのなら、
庭造りの名人が雑草を取り除き、
その後にきれいな草花の種をまくように、
自分の心の庭から悪い考えを取り除き、
そこに良い考えを植えつけなくてはなりません。

この作業を続けることで、あなたは、
自分が心の中で巡らし続けている考えと、
自分の人生との関係を、
日を追うごとに、
より明確に理解していくことになります。

あなたが繰り返し考えることは、
たとえその内容が良いものでも、悪いものでも、
いつか必ず表に現れてきます。

このことを知ることは、
人生の真理を知ることです。

あなたは、
自分が考えていることを隠し通せない。
なぜならば、それは行動として、
また環境として、表に現れてしまうから。

あなたは、
自分が考えていることを隠し通せると
思い込んでいるかもしれません。
でも、それは不可能なことです。

あなたが考えていることは、
まず、あなたの行動として、
続いて、あなたの環境として、
表に現れてしまうからです。

身勝手な考えは、
独りよがりの行動として、
続いて、悩みや苦しみに満ちた
不幸せな環境として表に現れます。

臆病な考えは、
人を信じない、オドオドとした行動として、
続いて、貧しい、きゅうくつな環境として表に現れます。

憎しみは、
トゲトゲした攻撃的な行動として、
続いて、いさかいや不安に満ちた環境として
表に現れます。

一方、
他人を思いやる考えは、
親切な誠意に満ちた行動として、
続いて、喜びに満ちた
幸せな環境として表に現れます。

勇気ある考えは、
信念に満ちた、テキパキとした行動として、
続いて、自由で豊かな環境として表に現れます。

愛に満ちた考えは、
優しく、すがすがしい行動として、
続いて、おだやかで平和な環境として表に現れます。

私たちの人生の中には、
偶然という要素はまったく存在しない。

私たちは、自分が心に抱き続けているものを
自分自身に引き寄せます。

私たちは、自分が本当に愛しているもの、
あるいは恐れているものを引き寄せるのです。

そしてそれは、環境を通じて、
私たちにもたらされます。

この宇宙を支配している、絶対的な法則があります。

私たちもこの宇宙の一部ですので、
当然のごとく、私たちの人生も、
その法則によって支配されています。

それは、「原因と結果の法則」
または「正義の法則」として知られているものですが、
私たちは、その法則に従って、常にいるべき場所にいます。

私たちがこれまで考えてきたこと（原因）が、
私たちを、いまの環境（結果）に運んできたのです。

ですから、私たちの人生の中には、
偶然という要素はまったく存在しません。

私たちはいま、
自分がこれまでに考えてきたことの結果として、
自分に最もふさわしい環境を手にしているのです。

私たちがそれを好きであろうと、嫌いであろうと、
いやおうなしにです。

私たちは、どんなときにも、
自分が学び成長を遂げるために
最適の場所にいる。

私たちの環境は、私たちの人間としての
成長を助けるために存在している、ともいえます。

私たちの環境を作り上げているさまざまな状況は、
どれもがそれぞれに、私たちが巡らし続けている
何らかの考えと密接に結びついていて、
私たちの心の中身を巧妙に映し出してくれているからです。

外側の世界である環境は、
心という内側の世界の現れです。
そして、たとえ良い環境でも悪い環境でも、
とにかくあらゆる環境が、
最終的には、そこに住む人の幸せに貢献します。
人は、苦悩と喜びのどちらからも学ぶことができるからです。

結局、私たちはどんなときにも、
自分が学び、成長を遂げるために
最適な場所にいるのです。
そして、私たちがある環境で必要なことを学ぶと、
その環境はまもなく、
次の新しい環境に取って代わられることになります。

私たちは、自分を環境の被害者だと信じているかぎり、
環境によって打ちのめされる運命にあります。
しかし、
「自分には、環境を育てるための土地と種（心と考え）を
自由にコントロールする力がある」
ということに気づいたときから、
どんな環境でも克服できるようになります。

環境が人を作るのではない。
環境は私たちに、
私たちがどんな人間であるかを
知らせてくれるだけ。

環境の変化と心の中身の変化は、
常に結びついています。

もし私たちが、
心の中の悪い要素を意欲的に取り除き、
人間として目に見えた成長を遂げたならば、
まもなく、私たちの環境もまた、
それに見合った
素晴らしい変化を遂げることになります。

人が刑務所に入るのは、
生い立ちや環境のせいなどでは決してありません。

もし私たちが刑務所に入ったとしたら、
それは、私たち自身の身勝手な考え方が、
そうさせたのです。

清らかな心の人は、
たとえどんな誘惑にさらされたとしても、
絶対に罪を犯したりはしません。

犯罪が発生するのは、
人の心の中に住みついている身勝手な考えが、
何かのきっかけで外側に現れたときだけです。

環境が人を作るのではありません。
環境は私たちに、
私たちがどんな人間であるかを
知らせてくれるだけです。

清らかな考えだけを巡らしている人が、
悪い道に走り、苦悩する、などということは
決して起こりません。

同様に、身勝手な願望を抱いている人が、
それを実現して真の幸せを感じる、
などということも絶対に起こりません。

人は、自分が望んでいるものではなく、
自分と同じ種類のものを引き寄せます。

私たちが受け取ることのできるものは、
私たちが欲しがるものではなく、
私たちが受け取るにふさわしいものなのです。

多くの人たちが、
自分の環境を必死になって改善しようとしています。

でも彼らは、
自分自身を改善しようとする気は、あまりないようです。

そしてそのために、いつになっても
環境を変えることができないでいるのです。

私たちが誕生とともに手にする環境も、
私たちが受け取るにふさわしいものです。

生命が永遠であることを信じていない人には、
理解しがたいことかもしれませんが、
私たちは、自分が過去生、つまり前の生涯の中で、
考え、行なったことにふさわしい内容の環境の中に、
生まれてくるのです。

私たちは、
どんなに良い結果を心に描いても、
それを手にするに値しない
人間でいるかぎり、
悪い結果しか手にできない。

人が価値ある目標を達成するためには、
自分の身勝手な考えと、
それに付随した気まぐれな感情や欲望の、
少なくともかなりの部分を、犠牲にする必要があります。

ここに、ひどく貧しい男がいます。
彼は、自分のあらゆる環境が変わることを願っています。
しかし、給料の安さを理由に、仕事をさぼること、
つまり、会社をだますことを選んでいます。

彼は、豊かになるための方法を何一つ理解していません。
それでは、彼の環境は、たとえ変わったとしても、
もっと貧しい環境になるだけです。

ここに、暴飲暴食の結果、
深刻な病気にかかっている、裕福な男がいます。
彼は、健康を取り戻そうとして、
お金を惜しみなく使っていますが、
自分の欲望は何一つ犠牲にしようとしていません。

異常な食欲を満たしたいと願いながら、
健康も欲しがっているのです。
それでは、健康など絶対に取り戻せません。
健康を手にするに値しない人間だからです。

ここでこの二つの例を紹介したのは、
「私たちは、どんなに良い結果を心に描いても、
それを手にするに値しない人間でいるかぎり、
悪い結果しか手にできない」
ということをお話ししたかったからです。

あなたの周りの人たちは、
あなたを映し出す鏡である。

あなたは、
あなたと同じような考え方をする人たちを、
常に自分に引き寄せています。

あなたはいま、誰かを恐れてはいませんか。
誰かにイライラしてはいませんか。
もしそうだとしたら、その原因は、
あなたの心の外側にではなく、内側に横たわっています。

あなたは優しい人たちを求めているのでしょうか。
だったら優しくなることです。

あなたは正直な人たちを求めているのでしょうか。
だったら正直になることです。

あなたは、あなたが与えるものを
受け取ることになります。

あなたの周りの人たちは、
あなたを映し出す鏡にほかなりません。
「原因と結果の法則」は、
その働きを永遠にやめることがないのです。

そして何よりも、この単純な真理を忘れないことです。

「あなたがいま幸せならば、それは、
あなたがいま明るい考えを巡らしているからです。
あなたがいま不幸せだとしたら、それは、
あなたがいま暗い考えを巡らしているからです」

あなたは、自分の考え方一つで、
自分の人生を破壊することも、
素晴らしいものに
作り替えることもできる。

あなたは、自分の考え方一つで、
自分の人生を破壊することも、
素晴らしいものに作り替えることもできます。

あなたが自分の考えを積み重ねて
内側の人生を築き上げると、
それと同じ種類の人生が
外側に築かれることになります。

たとえあなたが、
心の中のどんな場所に、何を隠そうとも、
そこに存在するすべてのものが、何らかの形で、
やがて必ず外側の人生の中に姿を現してきます。

不純で身勝手な心は、
不運と不幸せを常に引き寄せ、
清らかで思いやりのある心は、
幸運と幸せを常に引き寄せています。

すべての心が、それ自身と同種のものを引き寄せ、
それ以外のものが引き寄せられてくることは
絶対にないのです。

このことに気づくことは、
この宇宙を支配している
「原因と結果の法則」に気づくことです。

あなたの人生内で発生する出来事は、
たとえ良いものでも、悪いものでも、
すべてこの法則に従って発生します。

自分の心を
コントロールしていない人は、
真の意味では
生きていない人である。

自分の心をコントロールしていない人は、
真の意味では生きていない人だといえます。
そのとき人は、まるで動物のように、
自分の欲望に振り回されて生きているからです。

私たちは、
自分の心をコントロールできていないとき、
動物と同じくらいの幸せしか感じられません。

心をコントロールすることで手にできる、
はるかに大きな幸せが存在することに、
気づいていないためにです。

私たちはまた、
心のコントロールを怠っているとき、
動物と同じような苦悩も味わっています。

苦悩から抜け出すための方法を
知らないためにです。

私たちは、
心をコントロールできないでいるとき、
真の人生に欠かせない理性を手放しています。

それでは、人としては死んでいるのと同じです。

しかし私たちは、
心をコントロールし始めるとともに、
再び生き始めます。

その日を境に、
気まぐれな感情に流されるのをやめ、
理性と知恵に導かれて生き始めます。

賢い人とは、自分の心を
コントロールしている人であり、
愚かな人とは、逆に
それにコントロールされている人である。

控えめで静かな威厳こそが、
真の成功者の第一の目印です。

他人を敬い、自分自身を大切にすることです。

他人を思いやりながらも、自分自身の道を選び、
その上を、恐れずに堂々と進むことです。

真の成功者とは、真の意味で賢い人です。
彼らの中では、この上ない優しさと不動の強さという、
一見正反対の要素が混ざり合い、調和しています。

真に賢い人とは、
自分が正しいと信じることを一つも犠牲にすることなく、
他の人たちに歩み寄ることのできる人です。

良心の声に従うことです。
そして、あらゆる人たちに敬意を払うことです。

たとえ彼らがあなたと違うことを信じていても、
あなたは常にそうすべきです。

賢い人と愚かな人を隔てている、最も大きな違いは、
賢い人は自分の心をコントロールしているのに対して、
愚かな人は、逆にそれにコントロールされている、
という点です。

賢い人とは、どんなときにも、
自分がどのように考えるべきかを知っているために、
外側で発生する出来事によって
心を乱されたりすることがない人です。

しかし、愚かな人は、
外側で発生する出来事に刺激されて、
内側で頻繁に感情を爆発させながら、
苦悩の人生を歩んでいます。

心をしっかりとコントロールし、
その中から身勝手な考えを追い出すことです。

一般に「浅はかな考え」と呼ばれている、
不注意で、だらしのない考えも、身勝手な考えの仲間です。
それもまた確実に、人を失敗と不幸せに導きます。

その種の「誤った考え」の弊害は、
どんなに祈っても、どんな宗教に入っても、
どんな慈善事業に加わっても、
それだけでは決してなくなりません。

それをなくすことができるのは、
「正しい考え」だけです。

人に真の成功と安らぎをもたらすことができるのは、
他の人たちや物事に対する、
心の正しい姿勢だけなのです。

人は自分自身を正すことで、
人生の真理を知ることができる。

この宇宙を支配しているのは、混乱ではなく、秩序です。
しかも正しい秩序です。
そして、その一部である私たちの人生を
根底で支配しているのも同じ秩序です。

人は、自分自身を正すことで、
人生の真理を知ることができます。

もしあなたが、周囲の人たちに
優しい気持ちを向けるようにしたならば、
彼らもあなたに対してすぐに同じ気持ちを向けてきます。

人は誰も、自分の考え方を急激に変えたとき、
周囲の状況の急激な変化に気づいて驚くことになります。

続いて人は、過去を振り返って、
それまでに自分が体験したことのすべてが、
そのつど、自分の心の中身を正しく映し出していたことにも
気づくことになります。

「あなたが何をやってもうまくいかないのは、
善人すぎるからだ」
などという人がいますが、
そんな話には耳を貸さないことです。

人は、悪い考え方を完璧にやめないかぎり、
そんなことをいう資格さえありません。

私たちは一般に、
良い結果も手にすれば、悪い結果も手にします。
それは、私たちが良い考えと悪い考えの双方を
巡らしているからなのです。

もしあなたが、
完璧に良い考えだけを巡らしていたならば、
手にするのは常に良い結果だけです。

良い考えや行ないは
決して悪い結果を発生させませんし、
悪い考えや行ないは
決して良い結果を発生させません。

これは、小麦の種からは小麦だけが育ち、
菜の花の種からは菜の花だけが育つのと
まったく同じ原理です。

この法則が自然界の中で機能していることは、
誰もがよく知っていることです。
しかし、これが
個人の人生の中でもまったく同じように機能している
ということに気づいている人は、とても少数です。

そしてそのために、ほとんどの人たちは、
この法則と調和して生きていません。

無分別な感情は火のようなもの。
それに触れると、
誰もが火傷の痛みを体験する。

手を火の中に入れると火傷を負います。
単純な法則です。
そしてこの法則は、心の中でも機能しています。

憎しみ、怒り、嫉妬、不安、
羨望、強欲といったものは、いわば心の火です。
それに触れると、
誰もが火傷の痛みを体験しなくてはなりません。

そして、それらの無分別な感情を抱くことは、
「罪」と呼ばれてしかるべきことでもあります。

なぜならば、そうすることは、「原因と結果の法則」
すなわち「正義の法則」を無視する、
あるいは、それに刃向かう行為にほかならないからです。

これらの感情は、心の混乱を引き起こし、まもなく、
病気、失敗、不運、悲しみ、絶望といった「罰」を、
人にもたらすことになります。

一方、愛や善意やおだやかさは、
心に平和をもたらすそよ風です。

「正義の法則」と調和したそれらの心の要素は、
健康、おだやかな環境、成功、幸運などの「恵み」を、
人にもたらすことになります。

この知識は、私たちを強さとパワーに導くものであり、
私たちが真の成功や幸せを築くための、
不動の土台となりうるものです。

不平をいうのは、
もうやめることだ。
それは、あなたを自己破滅へと導く
恐ろしい罠である。

いまあなたは、
貧しさの頑丈な鎖でしっかりとつながれ、
暗さを増し続ける人生の闇の中で
激しい孤独を感じているかもしれません。

そして、自分の貧しさを、
自分の生まれ、両親、雇い主などのせいにして、

あるいは、
「何らかの理不尽なパワーが、
一部の人たちには豊かさと幸せをもたらしながら、
自分には貧しさと苦悩しかもたらしてくれていない」
などと考え、
常に不平をいいながら生きているかもしれません。

もしそうだとしたら、
不平をいうのは、もうやめることです。
不平は、あなたを自己破滅へと導く恐ろしい罠です。

そもそも、あなたがいま
不平をいっている相手の誰一人（または、どれ一つ）として、
あなたの貧しさの原因にはなっていないのです。

その原因は、あなたの内側にあるのです。

そして、その場所に問題の原因が存在するということは、
あなたがその場所で、
その問題を解決できるということにほかなりません。

もしあなたが
不平をいい続けている人間だとしたら、
あなたがいま手にできているものは、
極めて限られたもののはずです。

あなたが手にできるものは、
あなたが手にするにふさわしいものだけだからです。

内側の人生を変化させることです。
外側の人生が変化するためには、
それが不可欠なのです。

「原因と結果の法則」は常に機能しています。
その「正義の法則」を信頼し、それに同調することです。

自分自身を、より素晴らしい人生を手にするに
ふさわしい人間へと、成長させることです。

人は、「正義の法則」の存在に気づき、
それに自分の心を従わせ始めたときから、
真の人として生き始めます。

そのときから人は、
自分の心をコントロールすることで、
自分自身を強化し始めます。

環境と戦うことをやめ、
それを、自分のより急速な成長のために、

また、自分の隠れた能力や
可能性を発見するための場所として、
有効に利用し始めます。

人々が見せている弱さは、
彼らの強さを示すもの。

「人は弱い生き物である」といいたい人たちには、
いわせておきましょう。
でも私は、「人は強い生き物である」と
いい続けるつもりです。

人は、強さとともに生まれてきました。
そして、たとえ表面的にはどう見えようと、
永遠に強いままです。

多くの人たちが見せている弱さも、
実は、彼らの強さを示すものです。

なぜならば、彼らは、
自分たちの人生を支配している「正義の法則」
つまり「原因と結果の法則」に、
刃向かって生きているからです。

彼らは、強いからこそ、
そんな生き方ができるのです。
もし弱ければ、
そんな大それたことは、とてもできません。

弱さというものは、そもそも、
誤って導かれたエネルギーにほかなりません。

何をやってもうまくいかない人も、
自信のない人も、臆病な人も、
実は弱い人ではなく、強い人なのです。

彼らはただ、人生の真理を知らないために、
自分の強さを誤った方向に導いてしまっているだけなのです。

体は心に逆らえない。
それは常に心のなすがままである。

体は心に逆らえません。
それは常に心のなすがままです。

不純で暗い心は、
体を病気や衰弱に向かわせ、
清らかで明るい心は、
体を若さと活力に向かわせます。

病気と健康は、環境同様、
心の中身の明らかな現れです。
病的な考えは、病的な体として表に現れます。
激しい恐れは、人を弾丸にも負けないスピードで
殺してしまうことさえあります。

胃腸の働きが悪くなると気分が悪くなることは、
誰もがよく知っています。
近頃では、その逆に、
気分が悪くなると胃腸の働きが悪くなることも
常識になってきました。

病気になることを恐れている人は、
やがてそれを実際に手にすることになる人です。
不安は体の正しい機能を乱し、
正しく機能しない体は病気に対して無防備です。

不純な思いは、たとえ行動には現れなくても、
神経系をズタズタにしてしまいます。

一方、
清らかで幸せな思いは、
活力に満ちた美しい体を作り上げます。

人の体は繊細で柔軟な装置であり、
心の中身に敏感に反応するようにできているのです。

常に清らかな思いを巡らしている人は、病原菌を気づかう必要さえない。

心の習慣は、それが良いものでも、悪いものでも、
その内容に応じた状況を、
体の中で確実に発生させています。

清らかな心は体を健康にし、
けがれた心は体を不健康にします。

人は、けがれた思いを巡らし続けると、
にごった血液を手にし、
清らかな思いを巡らし続けると、
澄んだ血液を手にすることになるからです。

いくら食生活を改善しても、
心を改めようとしない人間には、
ほとんど効果がありません。

しかし、常に清らかな思いを巡らすことが
できるようになったとき、人はもはや、
病原菌を気づかう必要さえありません。

そのときから人は、とても自然に、
不純な食べ物を好まなくもなります。

悪意、羨望、怒り、不安、絶望は、
体から健康と美しさを奪い取ります。

憂鬱な顔は偶然の産物ではありません。
それは、憂鬱な心によって作られます。

みにくいシワは、意地悪な考え、
短気な考え、暗い考えによって刻まれます。

あなたの住居を明るく快適なものとするためには、
そこを新鮮な空気と陽の光で満たさなくてはなりません。

同じように、強い体と、明るくおだやかな顔つきは、
心を喜びと善意で満たすことによって作られます。

心を愛で満たし、
明るく、おだやかに考えることだ。
そうすれば、
あなたにはどんな薬もいらなくなる。

もしあなたが完璧な健康を手にしたいのなら、
心をそれにふさわしい状態に調整する必要があります。

心を愛で満たし、明るく、おだやかに考えることです。
体中の血管を通じて善意を流すことです。
そうすれば、あなたにはどんな薬もいらなくなります。

憎しみ、嫉妬、疑い、敵意、不安を、
きれいさっぱり捨て去るよう心がけることです。

もしそれができなければ、
自分の体が病気で動けなくなったとしても、
決して不平をいったりはしないことです。

常に明るくおだやかな人たちは、
常にイライラしている人たちが急速に失ってしまいがちな
健康という恵みを、
いつまでも維持できる傾向にあります。

彼らはまた、
あらゆる不安やイライラから解放されているために、
仕事をするときにも、
目の前の作業に集中して当たることができます。

そしてそのために、
常にイライラしている人たちよりも、
はるかに多くのことを達成できます。

結局、
体を素晴らしい状態に保つことのできる人は、
素晴らしい成功を手にできる人でもあるのです。

人は
厳しい状況の中で学んだ方が、
より多くのことを、
より速く学ぶことができる。

この世界には、
先天性の病気で悩んでおられる方もたくさんいます。
本当にお気の毒で、
こんなことを申し上げるのはつらいのですが、
実は、それもまた
「因果の法則」に従って起こることなのです。

ただし、その「原因」は過去生で作られたものです。
過去生での何らかの行ないの結果が、
そのような形で現れてしまっているわけです。

そしてこの場合も、
その人の進歩にとっては一番良い状況なのです。
かえって、そのような人の方が進歩が速いとさえいえます。

人は厳しい状況の中で学んだ方が、
より多くのことを、より速く学ぶことができるからです。

そしてもちろん、
この生涯で多くのことを学べば学ぶほど、
人は次の生涯で恵まれた環境を与えられることになります。

先天性の病気で悩んでおられる方は、大変でしょうが、
生命は永遠だということを信じ、
希望をもって生きてください。

また、どんな病気も、
心を高めることで確実に良い方向に向かうということ、
体が不自由でも人は心の持ち方一つで、
いくらでも幸せに生きられるということ、

そして、
それを身をもって証明している人たちが、
この世界にはたくさんいるということも
忘れないでください。

人々が幸せを求めて
旅に出ようとしていたとしても、
ついていってはいけない。
幸せは、あなたの内側にあるのだから。

もしあなたがいま、他の多くの人たちと同じように、
墓の向こう側にあるという、より幸せな世界にあこがれ、
そこに行くことを願っているとしたら、
ここにとても良いニュースがあります。

あなたは、その世界に、
いますぐにでも足を踏み入れられます！

天国は、この宇宙全体に満ちています。
そしてそれは、あなた自身の内側にもあります。
それはそこで、あなたによって見つけられ、
体験されるのを待ちわびているのです。

人々が幸せを求めて旅に出ようとしていたとしても、
ついていってはいけません。
なぜならば、幸せは、あなたの内側にあるものだからです。

あなた自身の内側で幸せを探すことです。
それは、あなたがその気になりさえすれば、
すぐにでも見つけ出すことができます。

とても多くの人たちが、
幸せを必死になって追い求めています。
しかし、幸せを手にするために必死な努力はいりません。
それは、身勝手な考えを改め、優しく、清らかに生きるだけで、
誰もが簡単に手にできるものだからです。

あらゆる人たちに善意を向けることです。
身勝手、貪欲、怒りを死なせることです。
そうすれば、あなたの人生は、
あなたを優しく包むそよ風のようになるでしょう。

もし、あなたにこれができないとしたら、
不安と不幸せがあなたのもとを離れることは
永遠にありません。
しかし、「正義の法則」を信頼し、
それと調和して生きる決意さえ固めたならば、
これはあなたにとって決して難しいことではありません。

近い将来、あなたはこれを見事になし遂げ、
真の幸せに包まれることでしょう。

幸せな人は、
ただ生きているだけで、
周囲の人たちに
素晴らしい影響を及ぼしている。

清らかな優しい思いで心を満たし、
いつ、どこにいても常に幸せを感じていられたとしたら、
どんなに素晴らしいことでしょう。
それは、この世界に住む
誰もが望んでいることであるはずです。

そして、
この世界全体の苦悩をやわらげたいと考えている人たちは、
特別その思いが強くて当然です。
なぜならば、自分が幸せを感じられないかぎり、
哲学や神学理論その他をいくら説いて歩いても、
この世界をより幸せな場所にすることなど、
誰にも、絶対にできないからです。

不親切や不道徳の結果である
不幸せとともに毎日を生きている人は、
この世界全体の苦悩を増やすことに、
毎日手を貸している人です。

一方、常に善意とともに生き、
いつも幸せを感じている人は、
この世界全体の幸せを増やすことに、
毎日手を貸していることになります。

これは、どんな宗教を信じていようと、
あるいは、どんな宗教も信じていまいと、
そんなこととは何の関係もないことです。

優しく、清らかで、幸せな人は、
ただ生きているだけで、
周囲の人たちに素晴らしい影響を及ぼしています。

幸せな人の周囲には、
常に、人々の心をなごませ、
この世界の幸せに貢献する、
すがすがしい香りが漂っています。

幸せになる方法を知らない人は、
他の知識をどんなにもっていても、
何も学んでいないに等しい。

幸せになる方法を知らない人は、
他の知識をどんなにもっていても、
また、聖書の文字にいくらなじんでいても、
何も学んでいないに等しいといえます。

なぜならば、私たちが人生の真理を学べるのは、
本物の幸せを手にする過程においてだからです。

他人からどんな悪意を向けられたときでも、
幸せを手放さず、
おだやかな気持ちで親切な行動をとることのできる人は、
日々の行動を通じて、
自分が人生の真理を知っている人間であることを、
高らかに表明していることになります。

もしあなたが、真の人間らしさの威厳とともに、
優しく、幸せに生きたいと願っているとしたら、
そうすることを決意することで、
いまのこのときから、そのための作業を開始できます。

自分の心を正しくコントロールし、
そこから身勝手な考えを排除することが、
本物の幸せを手にする唯一の道です。

環境がじゃまをしている？
そんなことはもう、二度といわないことです。
私たちの環境は、私たちの歩みを決して妨げません。
それが私たちの周囲に存在するのは、
私たちを助けるためなのです。

あなたの周囲で発生する物事のすべてが、
あなたの成長に貢献します。

もしあなたが環境が
悪いと感じているとしたら、
本当に悪いのはあなた自身です。

私たちは、
たとえどんなに不幸せな状態にあるときでも、
常に自分自身の主人です。

ただし、そのときの私たちは、
自分自身を誤って治めている「愚かな」主人です。

しかし、自分の人生に深く思いを巡らし、
それを根底で支配している法則に気づき、
それと調和した生き方を始めたときから、
自分自身の「賢い」主人として、
真の幸せに包まれ始めます。

あなたが自分を
変えることができたなら、
あなたの周囲の
あらゆるものが変化する。

この世界には、たくさんの苦悩が存在しています。
そしてそれは、この世界がいま、
私たちの愛と思いやりをたっぷりと必要としている
ことを意味しています。

私たちがこの世界に与えることのできる
最も価値のあるものは、
活力に満ちた、美しい人格です。
もしそれがなくなれば、
他のすべてのものが輝きを失ってしまうでしょう。

気高く美しい人格は、
群を抜いて大切なものです。

それは、どんなものにも打倒されることがなく、
喜びと幸せをたっぷりと内側に収めています。

悪い出来事を嘆き続けるのは、
もうやめにしようではありませんか。

他人の誤った行ないに不平をいったり、
人々と争ったりすることは、もうやめにしましょう。
そして、自分の内側にある、あらゆる誤り、
あらゆる悪いものを、取り除き始めることです。

他の人たちを正直にしたいなら、
自分が正直になることです。

世界を苦悩から解放したいなら、
まず自分をそれから解放することです。

自分の家庭と環境を幸せなものにしたいなら、
自分が幸せになることです。

あなたが自分自身を変えることができたなら、
あなたの周囲のあらゆるものが変化することになります。

あなたの人生の中には、いかなる偶然も存在しません。
あなたの人生における良いことも悪いことも、
すべて、あなた自身の心が引き寄せたものなのです。

あなたの環境は、
あなたの内側にある
目に見えない原因の結果にほかなりません。

あなたは、自分の考えの産みの親であり、
自分の環境の、そして人生の作り手なのです。

あなたが自分の心の中に住み着かせた考えが、
あなたの人生を作り上げています。

欲望を満たそうとすることは、
幸せから遠ざかること。

物質的な成功だけを目指している人たちは、
一時的な自己満足と、
真の幸せを混同しているようです。

身勝手な考えは、富への執着を生み出します。
それはまた、人生から
心地よさを奪い取ってしまう傾向にもあります。
そのために、
貧しかった頃に感じた幸せさえも感じられないでいる、
裕福な人たちが少なくありません。

もし私たちが、
世の中の人たちをじっくりと観察し、分析したならば、
大多数の人が幸せの鍵は欲望を満たすことだと
信じていることに気づくはずです。

しかし、そのことに気づかず、
幸せとは欲望を満たすことだと信じることが、
この世界のあらゆる不幸せの原因となっているのです。

欲望を満たそうとすることは、
幸せから遠ざかることです。

欲望は、
私たちの価値ある能力を取り押さえ、
身動きできないようにするとともに、
私たちから、
幸せに欠かせない清らかさや優しさを
奪い取ってしまいます。

不幸せの原因は、
他の誰かの身勝手ではなく、
自分自身の身勝手である。

ほとんどの人は、
この世界のあらゆる不幸せの原因が、
身勝手な考えや行動であることを認めるでしょう。

しかし彼らは、それは「他の誰かの」身勝手である、
という妄想にとらわれています。

もしあなたが、
男の不幸せを作り出しているのは
「自分自身の」身勝手である、ということを認めるなら、
いまあなたは、
楽園の門からそう遠くないところを歩いています。

しかし、自分から幸せを取り上げているのは
「他の誰かの」身勝手だと信じているかぎり、
あなたは、自分が作り出した人生の牢獄の中に、
いつまでもとどまり続けなくてはなりません。

幸せは、心の内側で完璧に満足している状態です。
内側で感じられる深い喜びです。
それが存在するとき、心の中にはどんな欲望もありません。

欲望を満たすことで手にする満足は、
一時的な、浅い喜びであり、
その後には常に、
もっと大きな満足への欲求が頭をもたげてきます。

欲望は地獄の成分であり、
あらゆる苦悩の産みの親です。

欲望を捨て去ることは、
真の成功と豊かさ、
そして幸せに満ちた、天国を手の内にすることです。

もしあなたが
他の人たちへの奉仕に努めたならば、
その努力にふさわしい幸せが、
あなたにもたらされる。

天国と地獄は心の内側に存在しています。

身勝手な自我と、あらゆる欲求のいいなりになることは、
地獄の中に沈んでいくことです。

あなたは身勝手な自我を超えて上昇し、
高次元の清らかな意識の中に進入することで、
天国に足を踏み入れることになります。

身勝手な自我は、真実を見る目をもちません。
それは、正しい判断力も真の知識ももたず、
常に人を苦悩へと導いています。

正しい判断力と真の知識は、
身勝手さを知らない高次元の意識を通じてのみ
手にできるものです。

あなたが真の幸せを感じられるのも、
その清らかな意識を通じてのみです。

自分の個人的な幸せを
身勝手に追いかけているかぎり、
幸せはいつになっても
あなたから逃げ続けるでしょう。
なぜなら、あなたは悪い種をまき続けているからです。

しかし、もしあなたが私欲を捨て、
他の人たちへの奉仕に努めたならば、
その努力にふさわしい幸せが、
あなたにもたらされることになります。

その努力にあなたが注ぎ込むエネルギーは、
あなたが刈り取る幸せという収穫物として、
あなたのもとに必ず戻ってきます。

人は、
受け取ることからよりも、
与えることからの方が、
はるかに大きな喜びを手にできる。

多くの人たちが
欲望を満たすことで手にできると考えている幸せは、
偽りの幸せです。

あなたが、永遠に続く真の幸せを手にできるのは、
物質的な富に身勝手にしがみつくのをやめたときだけです。

物質的な富は、
あなたがそれにしがみつこうと、つくまいと、
いつかは必ずあなたのもとから去っていきます。

これまでの人生を振り返ってみることです。

あなたは、自分が最も大きな幸せを感じた瞬間は、
他の誰かに思いやりのある言葉を投げかけたときか、
その種の行為を行なったときであったことに気づくでしょう。

人は、受け取ることからよりも、
与えることからの方が、
はるかに大きな喜びを手にできるのです。

身勝手な考えを放棄するよう、
常に心がけることです。
そうやって、自分を縛っていた欲望の鎖を
次々と壊していくうちに、
あなたは、奪い取ることの苦悩とは対照的な、
与えることの大きな喜びを知るでしょう。

自分の持ち物、知識、愛を与えることは、
何物にも代え難い喜びをあなたにもたらしてくれます。

誤った行ないを続けながら、
神に恵みを求めて祈っている人は、
ソラマメをまいて小麦の収穫を願う
農夫のようなもの。

春が来ると、農夫たちは、土地を耕し、
そこにいっせいに種をまき始めます。

そこで、もしあなたが、そんな農夫たちに
何を収穫したがっているのかと尋ねたとしたら、
彼らはまず間違いなく、こういってくるでしょう。

「何を収穫したいかって？　だいじょうぶかい、あんた。これに決まってるじゃないか。これが何に見える？　小麦だよ！　小麦からは小麦しかできないし、大麦からは大麦、カブの種からはカブしかできないのさ」

自然の営みは、私たちに、多くのことを教えてくれています。
自然界で機能している法則は、そのすべてが、
私たちの人生の中でも、同じように機能しているのです。

種まきという作業は、私たちの人生の中でも行なわれています。
私たちが考えること、語ること、
そして行なうことが、私たちのまく種であり、

その種はやがて、それと同種の結果という収穫物となり、
私たちに刈り取られることになります。

私たちは、憎しみで心を満たしているとき、
他の人たちからの憎しみを次々と引き寄せます。
しかし、愛で心を満たしているときには、
私たちを愛する人たちを次々と引き寄せることになります。

常に正直に考え、正直に話し、正直に行動する人は、
常に正直な友人たちに囲まれますが、
不正直な人を取り囲むのは、ほとんどが不正直な人たちです。

誤った行ないを続けながら、神に恵みを求めて祈っている人は、
ソラマメをまいて小麦の収穫を願う農夫のようなものです。

恵みがほしければ、善意をまくことです。
幸せになりたければ、他人の幸せを考えることです。

私たちは、自分がまいたものを刈り取ることになるのです。

私たちの誰もが、
優しさ、思いやり、そして愛という種を
周囲にまくことで、
あらゆる恵みを収穫できる。

とても多くの人が、平和、恵み、許しなどを求めて、
神に祈り続けています。
しかし、彼らの祈りは、ほとんど叶うことがありません。

なぜなのでしょう。
それは、彼らが、それらのことを自分で実践していないから、
つまり、それらの種をまいていないからです。

かつて私は、ある牧師が、
神の許しを求めて熱心に祈る姿を見たことがあります。
その行為自体には、もちろん何の問題もありませんでした。

しかし、問題はその少し後に発生しました。
同じ説教の最後の頃に、なんとその牧師は、
人々に向かって、教会に敵対する人たちには、
どんな哀れみも示さないよう説いたのです！

許しを手にするための方法は、
自分から思いやりという種をまくこと以外には、
何一つありません。
これを学んでいない人が、牧師の中にさえいるのです。

多くの人たちが、
争い事の種を毎日のようにまき続けながら、
神に祈りさえすれば
平和という恵みを豊かに収穫できると信じています。

すぐに腹を立て、もめ事ばかりを起こしている人たちが、
平和を求めて祈っています。

それほどに深い哀れみを誘う光景は、
そうあるものではありません。

私たちは、
私たちがまいたものを収穫することになります。

身勝手な考えや言葉、
行動から自分自身を解き放ち、
優しさ、思いやり、
そして愛という種を周囲にまくことです。

そうすれば、あなたはありとあらゆる恵みを、
すぐにでも収穫することができるのです。

農夫たちが示してくれている、
単純な、しかし貴重な教訓から、
しっかりと学ぶことです。

この「種まきの教訓」は、私たちに
「受け取るためには、まず与えなくてはならない」
という真理も教えてくれています。

心と目標が結びつかないかぎり、価値ある物事は達成されることがない。

心と目標が結びつかないかぎり、
価値ある物事は達成されることがありません。

しかしこの世には、目標をもたずに、
海上をさまよう漂流者のようにして
生き続けている人たちが、ひしめいています。

人生の目標をもたない人たちは、
不必要な不安や無力感を常に感じています。
それは弱さのサインであり、失敗と不幸せを引き寄せます。

人が真の成功を手にするためには、
強くならなくてはなりません。

人は、理にかなった人生の目標を明確に設定し、
その達成を目指すべきです。
それは、現時点における心の状態に従って、
精神的な理想の形を取るかもしれませんし、
物質的な目標の形を取るかもしれません。

しかしそのどちらであっても、
もし人生の漂流者となりたくないのなら、
自分の心を、自分の手で設定したその目標に、
集中して向け続ける必要があります。

人は、その大きな目標の達成を、
人生の最優先事項とすべきです。

自分の心を、はかない夢物語やあこがれ、
妄想などの上に漂わせたりするのではなく、
その目標に集中して向け、
意欲的にその達成を目指すべきです。

たとえその達成に繰り返し失敗したとしても
（弱さが克服されるまでは、それが必然です）、
それを通じて徐々に身につけることのできる強さは、
人を最終的な成功へと確実に導きます。

個々の失敗は、それぞれが、
輝かしい未来に向けた新しい出発点にほかならないのです。

もしあなたが、
自分の能力に限界を感じているとしたら、
このことを知ることです。

あなたの能力の限界は、
あなたの考え方がもうけた境界線にほかなりません。

ですから、あなたは、自分の考え方一つで、
その境界線をはるか外側に引き直すことも、
取り払ってしまうこともできるのです。

限界など忘れ、
自分が最終的にどんな人生を生きたいのかを
明確に決定することです。

そして、その達成をねばり強く目指し続けてください。

大きな目標が見つからない人は、目の前のことに集中すべきである。そうすれば、大きな目標は自ら姿を現してくる。

大きな目標が見つからない人は、
とりあえず、目の前にある「やるべきこと」を
完璧にやり遂げることに集中すべきです。

それがどんな作業であっても、
そんなことは問題ではありません。
とにかく、自分がいま行なうべきことを、
最高にうまく行なえるよう、努力することです。
その努力によって、
心をコントロールする能力と
集中力が着実に身につきます。

そして、それらの能力が十分に身についたとき、
あなたには達成できないことが何一つなくなります。

と同時に、大きな目標が
自然に浮かび上がってきているに違いありません。

どんなに弱い人でも、自分自身の弱さを知り、
「強さは訓練によってのみ手にできる」
という事実を信じたときから、
強さに向けた努力を開始します。

そして、努力に努力を重ね、
忍耐に忍耐を重ね、
強化に強化を重ねることで、

やがては、
素晴らしく強い人間へと成長することになります。

虚弱な体をもつ人が、
忍耐強いトレーニングによって体を強化できるように、
虚弱な心をもつ人も、
正しく力強い考えを意識的に巡らし続けることによって
心を強化することができます。

放浪性と弱さを捨て去り、
目標に意識を集中しようと努めることは、

失敗を成功に至る通過点だと考える人たち、
どんな状況もプラスに転じることのできる人たち、
力強く考え、勇敢に行動し、
価値ある物事を見事になし遂げる人たちの
仲間に加わることです。

不安を取り除き、
失敗を恐れなくなったとき、
心は強力なパワーで満ち溢れる。

私たちは、目標を手にしたならば、
そこに至るまっすぐな道を心の中に描き上げるべきです。
決してその道以外を
キョロキョロと見るべきではありません。

そして、不安を心から一掃する努力も怠らないことです。
不安は、目標に至る道を断ち切ったり、
ねじ曲げたりすることで、
あらゆる努力の効果を著しく削減してしまいます。

不安は、いかなる成功にも貢献しません。
それは、人間を常に失敗へと導きます。
不安が心に入り込むと、目標、活力、行動力、
そしてあらゆる種類の力強い考えが、
本来の働きをしなくなってしまいます。

私たちを目標に向かわせるパワーは、
「自分はそれを達成できる」
という意識から生まれます。

不安は、その意識の最大の敵です。
不安を抱き続けることは、
自分の前進を自ら妨害することです。

不安を取り除く一番の方法は、
「原因と結果の法則」を強く信頼し、
その「正義の法則」に同調し、
自分が行なうべきことを、行なうべきときに、
最善を尽くして行ない続けることです。
これ以上の方法は存在しません。

不安を取り除くことで、
私たちは失敗を恐れなくなります。
そしてそのとき、
私たちの心は強力なパワーで満ち溢れます。

あらゆる
困難に勇敢に立ち向かい、
何事も克服することができるでしょう。

さまざまな目標が
理にかなったときに植えられ、
正しい季節の訪れとともに開花し、
熟す前に落ちたりすることのない、
しっかりとした果実へと成長することになるでしょう。

「正義の法則」と調和して生きることで、
あなたは、
どんな困難もたちどころに打ち砕いてしまう、
無敵の強さを手にできます。

やがてあなたは、
金儲けだけを考えている人たちには
夢見ることさえ不可能な、
無限の成功を手にすることになるでしょう。

私たちは、自分を正しく
コントロールできないかぎり、
責任ある、高いポジションには
つくことができない。

私たちは、自分を正しくコントロールできないかぎり、
責任ある、高いポジションには決してつくことができません。

なぜなら、冷静な判断を下すことも、
責任ある行動をとることもできないからです。

自己コントロールに失敗しているかぎり、
私たちに喜びをもたらす真の成功には、
いつになってもたどりつけません。

私たちの成功は、
自分で設定した目標の達成をどれだけ強く決意するかに加えて、
心の中から身勝手な考えや気まぐれな感情を
どれだけ取り除けるかにかかっているのです。

したがって、常に明確な目標をもち、
集中してその達成を目指すことです。
そして、心を高める努力を忘れないことです。

あなたの心が高まれば高まるほど、
あなたの成功は、
より大きな、より持続的なものになります。

たとえ表面的にはどのように見えても、
貪欲な人、不正直な人、不道徳な人には、
決して誰も援助の手を差し伸べません。

しかし、慎み深い人、正直な人、気高い人には、
常に誰かが援助の手を差し伸べます。

過去の偉人たちが、
このことをさまざまな言い回しで語っています。

そして人は、この真実を、人間性を磨き、
より気高い人間となる努力を続けることで、
身をもって証明できます。

自分の心を常に正しくコントロールできているとき、
あなたは、未来の成功や失敗に
思いを巡らす必要さえありません。

あなたのもとには、成功のみが訪れるでしょう。

結果のことなど考えずに、目の前の仕事を、
おだやかに、楽しく行ない続けるとき、
あなたは、正しい考えと正しい努力は
必ず正しい結果を引き寄せるものであることを、
身をもって知ります。

成功を手にできないでいる人は、自分の欲望を犠牲にしようとしない人である。

実業面の成功であっても、
学問的、あるいは精神的な成功であっても、
とにかくあらゆる成功は、
まじめな、ねばり強い努力の結果です。

どれもが、同じ法則に従って、
同じ道筋をたどって出現します。
それぞれの成功に存在する違いは、
その対象が違うという点だけです。

成功を手にできないでいる人は、
自分をコントロールしようとしていない人です。

私たちは、もし成功を願うならば、
自分の欲望、身勝手な考え、気まぐれな感情を、
積極的に犠牲にしなくてはなりません。

この作業は「自己犠牲」とも呼ばれていますが、
これを「自分自身を無くしてしまう行為」だとする解釈は、
明らかに間違いです。

自己犠牲とはそもそも、
心の中から悪いものを取り除き、
そこを良いものだけで満たして、
自分自身のあらゆる能力を高める作業なのです。

これは、喜びに満ちた、極めて建設的な行為です。
当然、犠牲が大きければ大きいほど、
成功は大きなものになります。

人は、たとえ富の獲得だけを目指すときでも、
その目標を達成するためには、
自分の身勝手な考えや欲望を犠牲にしなくてはなりません。

バランスの取れた盤石な人生を手にしたいと願うなら、
なおさらそうしなくてはなりません。

そして人は、素晴らしい成功を手にした後で、
再び心を悪いもので満たし、
弱さの中に一気に転落していくこともあります。

成功を維持するためには、警戒が不可欠です。
大きな目標を一つ達成したとたんに手を抜いてしまい、
あっという間に落伍者の群れの中に転落していった人たちを、
あなたもきっと、たくさん知っているでしょう。

自己コントロールは、心のレベルが、
「悪いものを受け入れるには気高すぎる」
といえる水準に達するまで、
ねばり強く続けられるべき作業なのです。

悪いことは、
あなたがそれから学んだ時点で、
悪いことではなくなってしまう。

「人生なんて、悪いことの連続だよ」
という人をよく見かけます。

確かに、「悪いこと」はこの世界のいたるところで発生し、
人々に苦悩や悲しみを与え続けています。

そして、「自分はいま、絶対に引き裂けそうもない
悪いことの網に捕らえられ、身動きが取れなくなっている」
と感じている人が少なくありません。

私たちが「悪いこと」から逃れる道はないのでしょうか。

苦悩や悲しみとの関わりを断ち切るための方法は
存在しないのでしょうか。

永続する幸せ、豊かさ、平和といったものは、
はかない夢にすぎないのでしょうか。

とんでもありません！
「悪いこと」を永久に追放するための方法は
間違いなく存在しています！

病気、貧しさ、そしてその他の
あらゆる「悪いこと」を克服し、
いつまでも続く健康、豊かさ、幸せを手にすることは、
誰にでも可能なことなのです。

すべての「悪いこと」が、
「原因と結果の法則」に従って、
常に起こるべくして起こります。

もしあなたが「悪いこと」を手にしたとしたら、
それは、あなたが
それを手にするにふさわしい人であるとともに、
それから学ぶ必要のある人だからにほかなりません。

そしてあなたは、
「悪いこと」から学ぶたびに、
より強い、より賢い、より気高い人間へと
成長することができます。

自分の心の中身をねばり強く調査し、
分析することです。

まもなくあなたは、自分の内側で、
「悪いこと」の原因を探し当てることになるでしょう。

そして、その原因を取り除く努力を始めたとき、
あなたは真の意味で学んだことになります。

もしあなたが「悪いこと」から学んだならば、
その時点で、あなたにとっては、
もう「悪いこと」ではなくなってしまいます。

悪いことは、
姿を変えた良いことにほかならない。

あなたはいま、
「貧しさから抜け出したい。そのためには、
自分自身を鍛えなくてはならない」
と考えているかもしれません。

しかし同時に、
「考えたり、勉強したりする時間が山ほど欲しいのに、
自分はいま、あまりにも長い時間、働きすぎている」
とも感じているかもしれません。

もしそうだとしたら、あなたがいま、
少ない自由時間をどれほど有効に使っているかを、
じっくりと考えてみることです。

もしあなたが、
いまの自由時間をただダラダラと過ごしているとしたら、
それが増えたところで何の意味もありません。

なぜならば、あなたは、ますます怠け者になるだけだからです。

自由時間の少なさも、貧しささえも、
実際には決して「悪いこと」などではありません。
世にいう「悪いこと」は、
実は、姿を変えた「良いこと」にほかならないのです。

あなたの外側で発生する物事は、そのすべてが、
あなたの成長を何らかの形で助けてくれるものです。

事実、あなたは、いまの貧しさを、
忍耐や希望や勇気を育むために有効に利用できます。
自由時間の少なさも、時間の有効利用を図るための訓練に、
効果的に利用できるはずです。

あなたはまた、「自分はいま、無理な仕事ばかり押しつける、
優しさのかけらもない、最悪の上司のもとで働いている」
と感じているかもしれません。

もしそうだとしたら、その状況も、
自分の心をコントロールし、強化するための、
絶好の機会としてとらえることです。

そうやって、そのつらい状況を
正反対の状況に変えてしまうのです。
不親切な上司には、
優しさと敬意を示し続ければいいのです。

そしてこれには、もう一つの効果があります。

あなたは、自分が示すその模範的な態度によって、
あなたの上司に、
彼（または彼女）が誤った行ないをしていることを、
静かに教えてあげることもできるのです。

これを「良いこと」と呼ばずして、
いったい何と呼んだらいいのでしょう。

理想家こそが、
この世界の救い主である。

この世界は、理想家たちによって救われてきました。
彼らこそが、この世界の救い主だったのです。

人類は、
悲しいときにも、苦しいときにも、つらいときにも、
理想家たちの美しいビジョンによって励まされてきました。

人類は、
理想家たちのことを忘れることはできません。

人類は、
理想家たちのアイディアを葬り去ることは、
絶対にできません。

人類は、
彼らのアイディアにすがって生きているのです。
心のどこかで、
それがやがて現実になることを知っているのです。

理想家たちは未来の作り手であり、天国の建築家です。

この世界がこんなにも美しいのは、
彼らが生きてきたからです。
もし彼らがいなかったならば、
人類は大昔に生気を失っていたことでしょう。

気高い理想を掲げ、その美しいビジョンを見続けている人は、
やがて必ず、それを現実のものにします。

コロンブスは、未知の大陸のビジョンを抱き続け、
それを発見しました。

コペルニクスは、
この宇宙の真の姿に関するビジョンを抱き続け、
それを証明しました。

釈迦は、完璧な平和に満ちた精神世界のビジョンを抱き続け、
その中に進入しました。

あなたの理想は、
あなたの未来を予言するもの。

理想を描くことです。
そのビジョンを見続けることです。

自分の心を最高にワクワクさせるもの、
自分の心に最も強く響くもの、
自分が心から実現したいと思うものを、
しっかりと胸に抱くことです。

その中から、あらゆる喜びに満ちた状況、
あらゆる天国のような環境が生まれてきます。

人は誰も、願望を抱き、その実現を目指します。

しかし、身勝手な願望は、たとえ実現したとしても、
人に真の満足をもたらすでしょうか。

また、清らかな願望を抱き続けている人が、
生活に困ったりすることがあるでしょうか。

そんなことは絶対にありません。

「原因と結果の法則」は、
そんな結果を絶対にもたらさないからです。

いまのあなたの環境は、
好ましいものではないかもしれません。
しかしそんな状況は、
もしあなたが気高い理想を抱き、
それに向かって歩き始めたならば、
決して長くは続きません。

気高い夢を見ることです。
あなたは、あなたが夢見た人になるでしょう。
あなたの理想は、
あなたの未来を予言するものにほかなりません。

これまでに達成された偉大な業績のすべてが、
最初は単なる夢にすぎませんでした。

樫の木は、しばらくの間、ドングリの中で眠っています。
鳥たちは、しばらくの間、卵の中で待っています。
そして、人の美しいビジョンの中では、その実現に向けて、
天使たちがせわしなく活動しています。

恐れを取り除いたおだやかな心で、理想を目指すことです。
未来が、そこにたどり着くためのあらゆる方法を
教えてくれると信じることです。

さまざまな好機が次々と
あなたの前に現れてくるでしょう。

あなたはそれを、
一つ一つとらえるようにすればいいのです。

「正義の法則」は常に正しく機能し、
あなたに正しい結果を
この上ない正確さで運んできてくれます。

運のいい人とは、
強い信念をもち、数々の犠牲を払い、
ねばり強い努力を続けてきた人である。

とても多くの人たちが、
表面に現れた「結果」だけに目を奪われ、
その背後に存在する「原因」を見ようとしないために、
あらゆる成功を、幸運、運命、
あるいは偶然などという言葉で片づけています。

素晴らしい業績を打ち立て、
周囲に大きな影響を及ぼし続けている人たちを見て、
彼らはいいます。
あの人は、なんて幸運なんだろう！
なんて恵まれているんだろう！

彼らは、それらの「運のいい」人たちが、
より良い人生を夢見て流し続けてきた
「血と汗と涙」の部分には、
決して目を向けません。

それらの人たちは、
強い信念をもち、数々の犠牲を払い、
ねばり強い努力を続けてきた人たちなのです。
そうやって、理想の実現を目指して、
さまざまな困難を乗り越えてきた人たちなのです。

しかし、大多数の人は、
そういった「影」の部分には目をくれようともしません。
彼らはただ、「光」の部分だけを眺めているのです。

長く厳しい旅の中身には目もくれず、
喜びに満ちた最終結果だけを眺め、
それを幸運のひと言で片づけているのです。

そんな人たちのもとには、
いつになっても幸運は訪れません。

愚かな人はただ願い、
不平をいい続けるが、
賢い人はよく働き、
おだやかに結果を待っている。

いくつもの事業を成功させ、
多くの素晴らしい友人にも恵まれていた女性に、
知り合いの一人がこういいました。

「まったく、あなたって、なんて幸運な人なんでしょう。
あなたが何かを望むと、それが向こうから
ひとりでにやってくるんだから」

実際、本当にそのように見えました。
しかし現実には、
その女性が受け取っていたあらゆる恵みは、
彼女がそれまでの人生を通じて、
自分の心を高める努力を
休みなく続けてきた結果だったのです。

彼女は、内面における努力だけでなく、
実際の仕事においても、本当によく働きました。
そして、彼女の内面の輝きは、
彼女の目、表情、仕草、声
などを通じて自然に露わになり、
彼女と接触したすべての人を魅了し続けたのです。

単なる願いが引き寄せるものは、落胆のみです。
成功を引き寄せるのは、日々の努力なのです。

愚かな人はただ願い、不平をいい続けます。
しかし、賢い人はよく働き、
おだやかに結果を待っています。

あなたの優しさ、
清らかさは自然と周囲に伝わり、
同じ波長をもつさまざまな恵みとして
あなたのもとに戻ってくる。

あなたの成功、あなたの失敗、あなたの人生のすべてが、
あなたによって、あなたの手で作られます。
あなたの運命を決定するのは、あなた自身なのです。

あなたの心を、
思いやり、優しさ、清らかさで満たすことです。
それらは自然と周囲に伝わり、まもなく、
同じ波長をもつさまざまな恵みとして
あなたのもとに戻ってきます。

しかし、もしあなたが、身勝手な考え、
欲望、憎しみなどで心を満たしたとしたら、
まもなくあなたの上には、それらと同じ波長の
さまざまな呪いが降り注ぐことになります。

あなたの心から私欲を追い出し、
そこを愛で満たすことです。
そうすれば、あなたは、
たとえお金はそれほど稼げなくても、
いつまでも続く大きな影響力と真の成功を
間違いなく手にできます。

しかし、もしあなたが
自分の心を私欲で埋め尽くしたならば、
たとえ億万長者になったとしても、
決して真の成功は手にできません。

遅かれ、早かれ、あなたの周囲には
友人が一人もいなくなるでしょう。

いまの自分のポジションに
不満があるのなら、
心を切り替えて、目の前の仕事に
まじめに取り組むことである。

もしあなたが、
いまの自分のポジションに不満をもっているとしたら、

まず第一に行なうべきことは、
心を切り替えて、
目の前の仕事にまじめに取り組むことです。

そしてその上で、
将来を明るく展望しながら、
新しい可能性の出現に常に目を光らせていることです。

そうすれば、やがて好機が訪れたとき、
それをすばやくとらえて生かすことができます。

あなたがいまどんな仕事についていようと、
それを行なうときには、
自分の能力のすべてを注ぎ込むことです。

まじめに働き、自分の能力をより効果的に、
より集中して発揮するこつを身につけることです。

小さな仕事を完璧に行なった後には、
より大きな仕事が必ず待っています。

自分が着実に前に進み続けていることを、
常に確認することです。

そうすればあなたは、
決して後戻りすることがありません。

パワーに満ちた人とは、
周囲の人たちが
どんなにあわてているときでも、
おだやかにしていられる人である。

あなたもまた、
あらゆる不可能を可能としてしまうほどの、
強力なパワーを手にしたがっているのでしょうか。

だとしたら、まず、
おだやかさと忍耐を身につけることです。

真のパワーは、「自立」と「不動」を基盤としています。

パワーを手にしたいのならば、
一人でどっしりと立つことができなくてはなりません。

山、巨大な岩、そそり立つ樫の木。
これらのすべてが、その自立した不動の姿によって、
私たちにパワーとは何かを語っています。

パワーに満ちた人とは、
周囲の人たちがどんなにあわてているときでも、
決してあわてることなく、おだやかにしていられる人です。

どんなときにも、
自分の心をしっかりとコントロールできる人なのです。

すぐに感情的になる人、臆病な人、
思いやりを欠いた人、ふまじめな人は、
同じような人たちを引き寄せるか、
誰の支持も得ることができずに、
落伍者への道を転がり落ちるかのどちらかです。

しかし、おだやかな人、恐れない人、
思いやりのある人、まじめな人は、
心を常に静かに保ち、常に多くの友人に囲まれながら、
成功の階段を着々と昇り続けます。

激しい感情はパワーではない。
それは見せかけのパワーであり、
パワーを拡散する行為である。

ことあるごとに激しい感情をぶつける人は、
決して真のパワーの持ち主ではありません。

激しい感情は、無謀な、
向こう見ずなエネルギーです。
それは見せかけのパワーであり、
パワーを拡散する行為です。

激しい感情は、
海の突き出た岩に襲いかかる嵐のようなものです。
しかし、パワーはその岩であり、
どんなに激しい嵐にもビクともしません。

正当な目標をもち、その達成を目指し続けることです。
意欲的に学び、決してあきらめないことです。
仕事に関する知識を深め、
それをしっかりと自分のものにすることです。

そして、「正義の法則」を信頼し、良心の声に耳を傾け、
それに従っておだやかに前進を続けることです。

そのとき、あなたの前進は誰にも止められません。
あなたは勝利から勝利へと渡り歩くことになるでしょう。

身勝手な考えや気まぐれな感情を振り払い、
目標に向かってわき目もふらずに前進を続けているとき、
あなたは、「正義の法則」に守られています。

あなたが手の内にするパワーは
年々大きなものとなるでしょう。
あなたはますます健康になり、
ますます大きな成功を手の内にするでしょう。

誰かが競争を仕掛けてきても、そんなものは無視することだ。

真の豊かさを手にできるのは、
心の広い、正直な人だけです。
心の狭い、ずるい人は、
真の豊かさを決して知ることができません。

なぜならば、豊かさとは、
外側で手にするものではなく、
内側で感じるものだからです。

欲張りな人たちは、
億万長者にはなれるかもしれませんが、
心の中ではいつになっても貧しいままです。

自分よりも金持ちな人が一人でもこの世にいるかぎり、
自分の豊かさを感じられないからです。

一方、心の広い、正直な人たちは、
たとえ外側ではたいしたものをもっていなくても、
自分の豊かさをしっかりと感じることができます。

自分がもっているものに不満を抱いているとき、
私たちは貧しく、
それに満足しているとき、私たちは豊かです。
さらに、広い心で、
自分がもっているものを他人に気前よく与えられるとき、
私たちはもっと豊かです。

「正直者はバカを見る」などという迷信は、
いますぐ捨て去ってください。
そのためには、
他人と競争しようとする意識を捨て去ることです。

競争は、ずるさを生み出します。
ずるい考えは、人生に混乱を持ち込みます。
それは、私たちの人生を支配している「正義の法則」に、
まっこうから刃向かうものです。

誰かが競争を仕掛けてきても、
そんなものは無視することです。

真のパワーに満ちた人生の勝利者とは、
他の人たちがどんなに競争を仕掛けてきても、取り合わず、
良心に従って自分のやるべきことをやり続けることで、
競争を仕掛けてきた人たちを、
あっさりと退けてしまう人です。

また、世界中があなたに、
「自分がまず一番になることを目指し、
他の人たちのことを考えるのはその次だ」
などといってきたとしても、無視することです。

それは、他の人たちのことなどまったく考えず、
自分自身のことだけを考えることと一緒だからです。

そんなアイディアを実行している人たちには、
やがて、周囲の誰からも孤立してしまう日が必ず訪れます。

そのとき彼らが、自分の孤独や苦悩を大声で訴えても、
それに耳を貸す人は一人もいないでしょう。

真の優しさや忍耐を示せるのは、強い心の持ち主だけである。

人生の勝利者となるためには
高い精神性を身につける必要があります。
ところが、残念なことに、
高い精神性というものを誤って解釈している人が
とても多いようです。

優しさ、気高さ、忍耐といった、
高い精神性を作り上げている心の要素を、
心の弱さを示すものだと勘違いしているためにです。

しかし、それらの心の要素を身につけられるのは、
実は、心の強さを身につけた人だけなのです。
真の優しさや忍耐を示すことのできる人は、
本当はとても強い人なのです。

そして実は、その心の強さに不可欠なのが、
私たちの誰もがもっている動物性なのです。

それは、感情エネルギーとしてあなたの内側に姿を現し、
放りっぱなしにされると、
あなたから人間らしさを奪い取ってしまいます。

しかしそのエネルギーは、
正しくコントロールされたならば、
人生の勝利に必要な真の強さを、
あなたにもたらすものとなります。

あなたの内側に住むその荒くれ者は、
あなたによってしつけられ、導かれるべきものです。

あなたは、あなたの感情の支配者でなくてはなりません。

人が弱々しい状態にあるのは、
自分の内側に住むその荒くれ者に、
逆に支配されているときです。

あなたの感情は、あなたの支配者でなく、
あなたの召使いであるべきです。

そのエネルギーは、
あなたがそれをしっかりとコントロールし、
導き続けたならば、
あなたに対する忠実な奉仕を
力強く続けるようになるでしょう。

自分中心の、身勝手な考えをやめることです。
それが感情の暴走を抑える唯一の手段です。

それができたとき、あなたは、
自分のエネルギーをいっさい無駄にすることなく、
有意義な活動に集中できるようになります。

目標の達成を目指し、
自分が行なうべきことを
集中して行ない続けたなら、
人生はとても単純で幸せなものになる。

私たちが素晴らしい人生を築くためには、
そのためのエネルギーが必要です。

そこで賢い人たちは、
利用可能なエネルギーが無限ではないことを、
しっかりとわきまえているため、
その有効利用を常に心がけています。

しかし、あまり賢くない人たちは、
下品な快楽に身をまかせたり、他人を憎んだり、
感情を爆発させたり、無意味な言い争いをしたり、
余計なお節介をすることなどで、
貴重なエネルギーをムダ使いしています。

彼らはまた、
自分のエネルギーを能率的に用い続けたために
素晴らしい人生を生きている人たちを羨み、
「あの連中は、なんて幸運なんだ」などといって、
ため息をつくことにまで、エネルギーをムダ使いしています。

人生の目標をしっかりともつことです。
そして、自分のあらゆる能力を用いて、
自分が行なうべきことを行ない続けることです。
そうやって、目標に向かうまっすぐな道を歩き続けることです。

他人を羨んだり、ののしったり、
余計な口出しをしたりすることで、
脇道にそれたりしないことです。

毎日の一つ一つの行動を、
自分が設定した人生の目標に向かわせることです。

あなたの心が正しく機能しているかぎり、
その行動が誤ったものとなることは決してありません。

もちろん、ときには挫折を味わうこともあるでしょう。
しかし、正しく設定した目標に
自分自身を向かわせ続けているかぎり、
すぐにあなたは自分を立て直し、
それを機会に、より賢く、より強い人間へと
成長することになります。

そうやって目標の達成を目指し、
自分が行なうべきことを集中して行ない続けたならば、
あなたもすぐに、
人生とはとても単純で幸せなものだ
ということに気づくはずです。

人は、おだやかになればなるほど、より大きな成功を手にできる。

人は、おだやかになればなるほど、
より大きな成功、より大きな影響力、
より大きな権威を手にできます。

ごく一般の商人でも、
おだやかさを身につけるだけで、
商売が確実にうまくいくようになります。

なぜならば、人はおだやかになればなるほど、
正しい判断を下す確率を高められるからです。

と同時に、人々は、ほとんど例外なく、
おだやかで冷静な人のそばにいたいと
考えるものだからです。

そしてもう一つ、おだやかな心は、
自己コントロールを通じて鍛えられた
強い心であるからです。

人々は、真におだやかな人と接すると、
その人の強さを自然に知り、
その人が頼れる人間であることを感じ取ります。

おだやかな心は、自己コントロールをねばり強く
行ない続けた人だけが手にできる、知恵の宝石です。

自分の心をコントロールし続けることで、私たちはまず、
自分の心の状態と、周囲で発生する出来事が、
密接に結びついたものであることを実感し、

その結果として、周囲で発生する出来事のすべてを、
原因と結果の観点から、
より正しく眺められるようになります。

そうなると、私たちは、不平をいったり、腹を立てたり、
悩んだり、悲しんだりすることが極端に少なくなり、
より落ち着いた、より安定した、よりおだやかな
心の状態を保てるようになる、というわけです。

自分をよく観察し、自分の人格の中から、
欠点を一つ一つねばり強く取り除く
努力をしてみてください。
それを続けることで、あなたは、
自分の欠点に対する勝利を、
一つ一つ積み重ねていくことができます。

その勝利を一つ手にするごとに、
あなたのおだやかさは増していきます。
そしてそれが、持続的な要素として
あなたの人格に加わるのです。

あなたはやがて、おだやかな人間に成長し、
どんな状況下でも冷静さを失わず、
自分が行なうべきことを
常に完璧に行なえるようになるでしょう。

おだやかな心は、
人がもっているあらゆる長所を、
よりいっそう輝かせる。

おだやかな人たちは、誰からも愛され、したわれます。

彼らは、
真夏の暑い日差しを遮ってくれる大木のようです。
嵐を遮ってくれる巨大な岩のようでもあります。

そんな彼らを愛さない人がいるでしょうか。
彼らは、雨が降ろうと、晴れようと、
その他のどんな出来事が起ころうと、
常に冷静で、柔和で、どっしりとしているのです。

「心の平和」
として知られるその精神状態に至ることは、
私たちすべての究極的な目標です。

それは知恵の極みであり、
純金などよりもはるかに価値のあるものです。

金儲けだけを追求している心は、
おだやかな心と比べたとき、
どんなに見劣りがすることでしょう。

おだやかさは、
人がもっているあらゆる長所をよりいっそう輝かせる、
まばゆいばかりの光です。
それは、聖者の頭を飾る後光のように、
人の長所を美しい光で包んで引き立てます。

真のおだやかさは、
自分の心をコントロールし続けた人だけが収穫できる、
美しい果実です。

それは、身勝手な考えや気まぐれな感情を
一つ一つ取り除いて心を鍛え続けることで、
徐々に、身についていきます。

おだやかな心をもたない人が、
いくら強がっても、
それは弱さの現れにほかならない。

おだやかな心をもたない人が、いくら強がっても、
それは弱さの現れにほかなりません。

不愉快なことが起こると、
すぐに腹を立ててしまうような人に、
いったいどれほどの強さがあるというのでしょう。

そんな人がどんなに強がったところで、
周囲の人たちはどんどん離れていくだけです。

おだやかな心は、
自分を忍耐強く強化することで
自分の弱さを克服できた人だけがもつ、
この上なく祝福された心の状態です。

それは強さの現れであり、
それと接触するすべての心に安らぎと勇気をもたらします。
真におだやかな人とは、ただいるだけで
周囲の弱い人たちを自然に勇気づけることができるほどに
強い人でもあるのです。

つらい出来事や困難な状況、
他人からの非難、中傷、誤解などにも
まったく動じることのない、おだやかな心は、
ねばり強い自己コントロールのたまものであり、
人生に関する真の知識の現れでもあります。

おだやかな心は、この上なく賢い心でもあるのです。
真に賢い人は、いつもおだやかさを保ち、
常に優しく、常に強く、
たとえば嘘、偽り、侮辱などを投げつけられたときでも、
決して冷静さを失いません。

真のおだやかさを
身につけた人にとっては、
何をすることも喜びである。

人生の輝かしい勝利を手にできるのは、
心を常におだやかな状態に保つことのできる人だけです。

もしあなたが、人生の真の勝利を手にしたいならば、
単におだやかになるだけでは不十分です。
あなたのおだやかさは、不変の、
真のおだやかさでなくてはなりません。

どんなことが起こっても、また誰から何をいわれても、
決して動揺しない心の状態。
それが真のおだやかさです。

おだやかさは、ねばり強い自己コントロールの果実です。
そのため、真におだやかな心の中には、
身勝手な考えはもとより、
後悔や自責の念も存在しません。

真におだやかな人とは、
後悔したり自分を責めたりしなくてはならないことを、
もはや行なわない人だからです。

そして、真のおだやかさを身につけた人にとっては、
何をすることも喜びです。
ほとんどの人が嫌々こなしている
日常の義務的な作業でさえ、
おだやかな人は喜んで行ないます。

そうなのです。
真におだやかな心の中では、
「義務」という言葉は
「幸せ」と同じ意味をもつものになっているのです。

真のおだやかさを身につけた人にとって、
義務は幸せを奪うものなどではなく、
幸せをもたらしてくれるものにほかならないのです。

なぜならば、
毎日の決まりきった仕事や家事も含めた、
私たちが「やらなくてはならないこと」もまた、
私たちの人生を作り上げている大切な要素だからです。

つまり、義務的な作業もまた、
私たちの成長を助けるために存在しているのです。

もちろん、それを行なうことは、明らかに、
他の誰かのために役に立つことでもあるわけですから、
本当は誰にとっても喜びであって当然なのです。

人は、自分の心をねばり強くコントロールし続けることで、
やがて、すべての物事を、正しく、
ありのままに見ることができるようになります。

そして、すべての物事を、正しく、
ありのままに見ることができるようになったとき、
人は、この上なくおだやかな心を手にし、
人生のあらゆる不幸せから解放されるのです。

訳者あとがき

「何かあって落ち込んだりしたときにでも、読んでごらんなさい。すぐに元気になるから。人生なんて、本当はとても単純なものなのよね」

そういって彼女は、ジェームズ・アレンの『AS A MAN THINKETH』をプレゼントしてくれました。8年前のことです。

その女性（米国人）は、若い頃から意欲的に心の世界を探求していた人で、当時すでに70歳を超えていましたが、いまでもまだとても元気で、素晴らしく前向きな生き方を続けています。

それ以来、私はアレンの一ファンとして、彼の本を何冊も読んできました。また、ありがたいことに、そのうちのいくつかを翻訳する機会にも恵まれてきたのですが、彼の本を誰かに薦めるときの言葉として、彼女が語った上の言葉以上に妥当なものを、いまだに発見できないでいます。

本書を構成する50の言葉は、ほぼ1世紀にもわたって、世界中の無数の人々を勇気づけてきました。アレンは生涯で19冊の本を書いていますが、そのすべてが、世界中でいまだに売れ続けているのです。『AS A MAN THINKETH』にいたっては、聖書に次ぐベストセラーだといわれています。彼の哲学が本物であるうえに、いかに実用的であるかの、明らかな証明だといえるでしょう。

本書は、アレンの4作品『AS A MAN THINKETH』『THE PATH OF PROSPERITY』『ABOVE LIFE'S TURMOIL』『THE LIFE TRIUMPHANT』のエッセンスを統合したものです。この1冊の中に、彼の哲学のすべてが詰まっているといっていいかと思います。

ジェームズ・アレンという人物は、「今世紀初頭に生きた英国の偉大な哲学者」ということ以外にはほとんど知られておらず、いわば謎の偉人だとされてきました。ただ、彼について語った親族や友人の言葉が少しだけ残っており、彼の人物像をそこはかとなく浮かび上がらせています。

たとえば、彼の妻リリーはこんな言葉を残しています。
「彼は、人々へのメッセージがあるときにだけ書いていました。そして、それが人々へのメッセージであるためには、彼が自分の人生の中で試してみて、良いものであることを確認したものでなくてはなりませんでした」
友人の一人はこういっています。
「彼は、夜になるといつも、黒のビロード地のスーツを着ていました。そして、彼の家を訪れた私たち友人を前にして、彼自身の哲学はもとより、トルストイや仏陀について……それから、食用にするものは除いて、どんな生き物も絶対に殺すべきでない、というようなことを、静かに語ったものでした。私たちの誰もが、彼のイエスを思わせる風貌と、常におだやかな態度、それから、毎朝夜明け前に丘に登り、神と交信していたという事実に、敬意を飛び越えて、ある種の恐れのようなものさえ感じていました」
また、次々とベストセラーを世に出したというのに、アレンの作家としての収入は決して多くなかったようです。少しでも多くの人に読んでもらいたいということで、すべての著書のイングランド外での著作権を放棄していたのが、その理由だとされています。
これらのことから察するに、どうやら、アレンという人は、自分の哲学を見事に実践しながら生きた人物でもあったようです。

1999年5月

桜川村にて
坂本貢一

◆ ジェームズ・アレン———— James Allen
1864年イングランド中部のレスター市生まれ。父親の事業の破綻と死から15歳で学校を退学。以後、さまざまな仕事に就きながら独学で学び、38歳で執筆活動に専念する。作家としてのキャリアは他界した1912年までの9年間と短いが、その間に19冊の本を書き、1902年に書かれた『AS A MAN THINKETH』は、聖書に次ぐベストセラーといわれる。デール・カーネギー、ノーマン・ビンセント・ピール、ナポレオン・ヒルなどの自己啓発作家たちに強い影響を及ぼし、彼らの本を通じても世界中の無数の人々に、考える知恵と生きる勇気を与え続けている。

◆ 坂本貢一 ———— さかもと・こういち
1950年生まれ。東京理科大学理学部卒業。製薬会社勤務後、2年間米国留学。帰国後、薬局チェーン経営を経て出版社の翻訳課に勤務し、主に自己啓発書の翻訳にあたる。精神世界の研究にも携わり、97年よりフリーの翻訳家および精神科学ライターとして活動。精神世界関連の雑誌編集にも携わる。訳書に『「原因」と「結果」の法則』（サンマーク出版）、『十二番目の天使』（求龍堂）、『神々の予言』『考えるヒント・生きるヒント』シリーズ（以上、ごま書房）、『あなたに成功をもたらす人生の選択』『子どもはみな前世を語る』（以上、ＰＨＰ研究所）がある。茨城県桜川村在住。

◆ブックデザイン ———— こやまたかこ
◆イラスト ———— 岡部哲郎

◆本書は、弊所刊『人生がばら色に変わる50の言葉』を新装し改題したものです。

きっと！すべてがうまくいく
2003年11月10日　第1版第1刷発行

著者◆ジェームズ・アレン
訳者◆坂本貢一
発行者◆江口克彦
発行所◆ＰＨＰ研究所
東京本部　〒102－8331 千代田区三番町3番地10
文芸出版部　☎03－3239－6256
普及一部　☎03－3239－6233
京都本部　〒601－8411　京都市南区西九条北ノ内町11
ＰＨＰ INTERFACE http://www.php.co.jp/
印刷所・製本所　図書印刷株式会社

ISBN4-569-63218-1